LETTRE

ADRESSÉE

AU CITOYEN Michel GOUDCHAUX,

MINISTRE DES FINANCES,

Et faisant suite aux chapitres sur le Paupérisme

DE L'OUVRAGE INTITULÉ :

DES COMPLICES, DES CORRUPTEURS, DE LA LOI ÉLECTORALE,

DES INJURES ET DU PAUPÉRISME,

PAR **F.-J.-B. NOËL,**

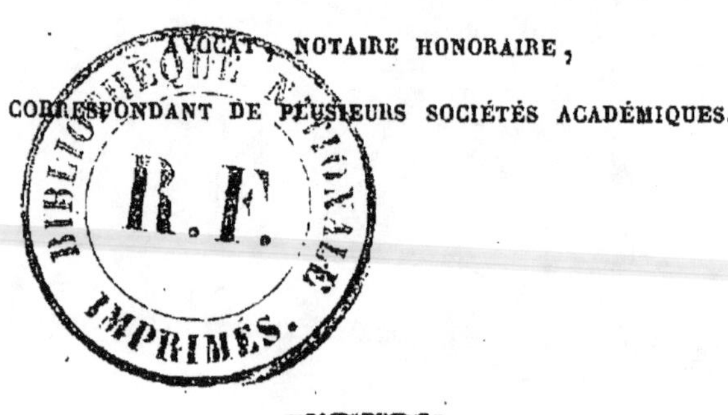

AVOCAT, NOTAIRE HONORAIRE,

CORRESPONDANT DE PLUSIEURS SOCIÉTÉS ACADÉMIQUES.

NANCY,

IMPRIMERIE DE DARD, RUE DES CARMES, 22.

PARIS,

HYPPOLITE SOUVERAIN, RUE DES BEAUX-ARTS, 5.

—

16 Août 1848.

CHER COMPATRIOTE ET CONCITOYEN,

C'est vous qui, le premier, nous avez parlé d'associations possibles entre les travailleurs, en nous remettant un cahier intitulé : *Projet de société en commandite pour affranchir dans l'industrie le travail et les travailleurs.* Vous nous avez recommandé d'étudier les questions qui naissent de ce projet, ce que nous avons fait; et l'article sur le paupérisme, qui se trouve dans la brochure que nous vous avons envoyée, en fait preuve. (*Des complices, des corrupteurs de la loi électorale, des injures et du paupérisme.* Paris, chez Souverain, 15 janvier et 6 avril 1848.) C'est vous qui, réellement, nous avez inspiré cet écrit; et j'ai regret que vos nombreuses occupations ne vous aient pas permis de le lire : mais faites-vous-en rendre compte.

Vous devez, cher compatriote, éprouver une vive satisfaction, en voyant que les idées philanthropiques qui vous ont dominé depuis que vous êtes de ce monde, qui vous ont fait, en 1825, établir à Nancy la Société des Amis du travail, qui vous portaient, il y a quelques années, à quitter votre banque pour vous mettre à la tête d'une association de pauvres ouvriers, sont devenues des idées gouvernementales. Grâce à l'influence des événements, on conçoit maintenant l'indispensable nécessité d'améliorer la condition des prolétaires; mais, pour arriver à ce but, on diffère sur les moyens qu'on doit employer.

Nos études nous ont fait penser qu'on ne pourrait y parvenir que par le moyen des taxes. Ce sont des lois sur les finances qui doivent venir en aide aux ouvriers sans travail : sous ce rapport, la question vous regarde doublement, comme ministre des finances et comme philanthrope. Peut-être y a-t-il témérité de croire que le plan financier que nous avons développé dans notre brochure soit acceptable, sauf le règlement du rapport progressif qui doit dépendre des circonstances. Mais, toutefois, il est pour nous certain qu'on ne peut en même temps protéger l'emploi des machines et le travail des mains ; ce sont deux choses tout aussi opposées l'une à l'autre que le sont les renards et les lièvres.

Nous croyons devoir répondre aux objections qui nous ont été faites, et joindre à notre œuvre les observations suivantes :

L'introduction des machines et de la vapeur, pour remplacer le travail des mains, a changé absolument tous les principes de l'économie politique. Vouloir appliquer les anciens principes de ce droit à notre état actuel, c'est faire un contre-sens, comme celui de vouloir commenter la Bible par le Veda ou Wedam de l'Indoustan. Autrefois, les marchandises manufacturières étaient le produit du travail des mains armées d'instruments plus ou moins perfectionnés. Au moyen âge, il y avait à Louvain 50,000 tisserands, à Ypres et dans ses dépendances, 200,000. Plus tard, après les établissements de Colbert, il y avait peu de villages en France où l'on n'en trouvât deux ou trois. Dans cet état de choses, les industriels ou commerçants étaient nationaux en ce sens qu'ils n'étaient que les facteurs du travail du peuple ; les balances commerciales des états indiquaient la situation plus ou moins prospère de la population, parce que les marchandises manufacturées sortaient directement des mains du peuple, et les autres marchandises, des produits du sol ; les industriels ne pouvaient s'enrichir sans enrichir le peuple travailleur ou cultivateur, et alors l'habileté et l'intelligence de l'ouvrier trouvaient un salaire proportionné à ses capacités. Ce sont ces faits, il y a quarante ans, qui servaient de base et de principe à nos plus célèbres traités d'économie politique; et, dans cette position, favoriser l'industrie et le progrès, c'était favoriser le peuple.

Aujourd'hui, il n'en est plus ainsi; la marchandise manufacturière n'est plus le produit de mains intelligentes, mais bien celui des machines, auxquelles on ajoute comme machines supplémentaires des êtres vivants, qui n'ont d'autre mérite que de rectifier les fils cassés ou de donner des impulsions que n'a pu produire le machiniste; il n'y a que ce dernier qui doive faire preuve d'intelligence. Il n'y a pas une filature qui, avec le concours d'une douzaine d'enfants, ne produise plus que ne pourraient le faire dans le même temps mille fileuses. Dans les papeteries perfectionnées et marchant à la vapeur, on obtient plus dans un temps donné que ne pourraient produire dans la même durée dix papeteries à la cuve en employant vingt fois plus de bras. Nous ignorons combien un métier à bras remplace de tricoteuses; mais toutefois il est certain que le plus grand talent, la plus haute industrie consiste à donner le plus de produits en employant le moins de bras possible, à diminuer le travail de l'ouvrier en réduisant le plus grand nombre d'entre eux à l'oisiveté. Chez les industriels, le progrès a pour but de réduire le nombre des travailleurs tout en conservant la même quantité de produits. Dans le dernier bulletin publiant les brevets d'invention, on trouvait mentionnée la découverte d'une machine faisant mouvoir la navette des tissages, progrès qui a pour objet de congédier de la fabrique l'ouvrier qui surveillait le mouvement de cette navette. Il y a plus : dans une société d'agriculture, on donnait comme nouveau un procédé peut-être renouvelé des Grecs, qui consiste, pour récolter les blés, à employer des faulx avec dossiers sur lesquels le blé coupé s'appuie (1), progrès qui a pour objet de

____

(1) La faulx-corbeille de Pierre Williamson était en usage en Angleterre en l'an 1766.

diminuer de plus de moitié le nombre des moissonneurs ou des moissonneuses.

L'industriel manufacturier est donc l'ennemi ou au moins l'adversaire le plus implacable de l'ouvrier, et il pousse l'inhumanité ou l'avarice jusqu'à tarir dans l'enfant les sources de la vie, à épuiser les forces des hommes les plus vigoureux. Ce sont les recruteurs de l'armée qui nous ont appris qu'il ne sort des manufactures que des hommes étiolés, chétifs, impropres au service; ce sont eux qui ont fait ordonner la modération dans le travail des enfants. C'est encore contre les industriels que, plus tard, on a ordonné la modération dans le travail de l'homme fait. Cette singulière protection accordée à l'industrie et au progrès, non-seulement en France, mais en Angleterre et dans toute l'Allemagne, a réduit à la misère des foules compactes de peuple, et produira dans ces divers pays les mêmes effets, c'est-à-dire des révolutions politiques et sociales. On ne doit donc plus, conformément aux anciens principes de l'économie politique, penser qu'en protégeant les industriels et le progrès, on protège indirectement les ouvriers ou la nation; on ne protège par le fait qu'une aristocratie fort ruineuse pour le peuple.

On croit trouver la cause de ces inconvénients en supposant que l'état de misère du peuple provient de l'immoralité, de l'irreligion; et qu'en moralisant, prêchant et en reconnaissant au peuple son droit de citoyen, il n'y aura plus de souffrance; mais tout cela, bon en soi-même, ne saurait remédier au mal; il faut reconnaître comme fait incontestable qu'il existe plus de bras oisifs que n'en peuvent employer les industriels et les travaux d'utilité publique. Quoique le dernier gouvernement ait ruiné la France en constructions de fortifications fort inutiles, en constructions de chemins de fer, de canaux, complément à la protection irréfléchie accordée à l'industrie, et qui contribueront pour beaucoup à augmenter le paupérisme; quoiqu'il ait ajouté à tous ces moyens puissants le concours de l'influence morale et religieuse du clergé des divers cultes, dont les ministres ont pu sermonner, prêcher, prôner tant qu'ils ont voulu, tout cela n'a en rien arrêté la croissance du paupérisme. Certes, ce n'est pas la République qui lui a donné naissance; une foule d'ouvrages imprimés, de nombreuses plaintes prouveraient le contraire. Seulement, la République l'a mis dans une évidence assez frappante pour convaincre le plus incrédule. Les aumônes considérables et presque forcées qu'on a données pour faire subsister le peuple, pendant les trois derniers hivers, sont encore une preuve très-touchante pour les individus bienfaisants ou peureux, que ces circonstances ont rendus charitables au-delà de leurs désirs.

On dit encore que l'agriculture manque de bras : erreur étrange. Nous ne pouvons deviner où ce manque de bras peut se faire sentir dans les campagnes. A la vérité, il n'est pas un petit seigneur de village, possédant 1 à 2 hectares de terrain qui, lors des récoltes, ne s'écrie qu'il est malheureux, qu'il manque d'ouvriers; qu'autrefois il aurait en un jour rentré ses foins ou ses raisins, tandis qu'aujourd'hui il lui en faut plusieurs; qu'il court les risques d'un temps pluvieux qui peut diminuer beaucoup la bonté des produits. Qu'il prenne des domestiques à l'année, il ne manquera pas d'ouvriers; mais vouloir qu'autour de lui il reste une population mouvante de cinquante à soixante personnes, pour n'être occupées que pendant le temps des récoltes ou pendant les travaux extraordinaires des champs, c'est absurde. Autrefois, la population des campagnes avait des moyens de gagner sa subsistance, moyens qui lui manquent absolument à présent. Les femmes filaient ou tricotaient, les hommes tissaient, allaient battre à la grange. Maintenant, à filer, à tisser, à tricoter, en concours avec les fabriques, on ne gagnerait pas vingt-cinq centimes par jour ; et c'est par des machines qu'on bat le blé. On fabrique de la broderie et des dentelles; mais ces produits n'étant pas de première nécessité, les bénéfices en sont très-faibles, fort éventuels; et d'ailleurs cette industrie est un commerce de quelques localités et ne saurait être plus étendu, puisque souvent il y a encombrement de marchandises. Ce n'est qu'une exception de localité. Eh bien! le progrès est encore venu frapper l'industrie de ces pauvres gens; on a inventé une machine à piquer, une autre à dessiner. Nous ne connaissons pas ces machines, mais nous avons entendu en déplorer les résultats. On assurait qu'elles avaient privé d'ouvrage plus de deux mille ouvrières dans l'arrondissement de Mirecourt. En cet état de choses, les prolétaires n'ont plus moyen de vivre dans les campagnes. Ils viennent encombrer les villes comme domestiques, comme ouvriers; d'autres vont à l'armée comme remplaçants; des filles commercent de leurs charmes, etc. Il s'ensuit que beaucoup de villes se sont augmentées en population, augmentation fort ruineuse pour elles, parce qu'elle n'est composée que de nécessiteux sortis des campagnes, qui viennent, en y prenant part, diminuer les secours destinés aux malheureux de la ville.

Le progrès non-seulement frappe les ouvriers, mais dans les villes il nuit encore au petit commerce, en ouvrant des magasins immenses où sont réunis les produits de diverses natures qui, auparavant, étaient livrés aux consommateurs par autant de marchands différents; ces derniers ne peuvent plus soutenir la concurrence; on voit dans toutes les rues des enseignes indiquant que le marchand de spécialité vend au rabais à raison de cessation de commerce. L'industriel marchand marque comme progrès l'adjonction à son magasin d'une nouvelle spécialité de marchandises, ou l'augmentation du nombre de ses confrères en spécialités qu'il force à quitter leur commerce. Bien certainement ce progrès contribue pour beaucoup à créer le paupérisme. C'est ce qui nous a donné lieu, dans notre ouvrage précité, à demander que ces magasins à centralisation commerciale fussent frappés d'un droit de patentes progressives calculées sur le nombre des spécialités.

Par les causes que nous venons d'indiquer, dans beaucoup de villes les nécessiteux qui reçoivent des secours forment le tiers de la population ; et certainement dans celles qui sont manufacturières, lors de l'interruption des travaux, la proportion des nécessiteux sur le surplus de la population est plus considérable. Cet état de choses force les non nécessiteux à faire des sacrifices énormes pour venir en aide aux pauvres de la ville ; et comme ces sacrifices sont des dons, ils sont d'autant plus élevés relativement aux particuliers qui les offrent, que ceux-ci ont été plus intimidés par les menaces des pauvres ; car ce n'est plus avec reconnaissance qu'on reçoit la charité ; on l'impose comme un devoir, comme une chose due sous peine d'incendie ou de pillage. Dans plusieurs localités, les gardes nationaux ont été obligés de s'armer pour étouffer l'insurrection près d'éclater chez ces parasites forcés, victimes des progrès de l'industrie, nouveaux et exigeants créanciers de la charité publique. Aussi les gens qui n'ont qu'une fortune médiocre, tout au plus ce qui leur est nécessaire, quittent le séjour des villes. Si des lois sages ne remédient pas à l'accumulation des prolétaires infortunés dans les villes, celles-ci ne seront bientôt plus que des phalanstères où il faudra établir un nouveau brouet à la sauce noire lacédémonienne, une marmite républicaine dont on distribuera journellement le contenu aux habitants.

Nous l'avons dit : le gouvernement doit s'étudier à diviser le plus possible ses faveurs, à multiplier parmi les citoyens les moyens de s'occuper, de travailler ; il doit en intéresser le plus grand nombre possible à la prospérité de l'état. Sous ce rapport, c'est donc une chose fâcheuse que la réunion des banques départementales à la banque nationale. C'est une centralisation nuisible aux départements ; ce sera encore une centralisation plus fâcheuse que celle de l'achat des chemins de fer, des canaux et des diverses assurances contre l'incendie. Il est toujours déplorable d'avoir pour adversaire le gouvernement, tout républicain qu'il est devenu. Quoique la justice et l'équité doivent être bien autant que la liberté et l'égalité la devise de la République, c'est cependant sous l'empire de celle-ci que, sans rendre compte des recettes et des dépenses, et sans prouver l'indispensable nécessité de cette mesure, on a suspendu le paiement des caisses d'épargnes, l'économie sacrée de l'ouvrier et des petites fortunes, et qu'on a frappé de nouveaux impôts. Ces fautes sont graves; et vouloir, sous leur impression, centraliser encore dans la main du gouvernement des établissements qui, bien qu'ils soient d'ordre public, n'ont pas la puissance de faire la loi ou de changer la condition de ceux qui ont traité avec eux, c'est créer au gouvernement des embarras, c'est nuire à une foule de capitalistes et d'employés, se faire en quelque sorte des ennemis; c'est créer encore un nouveau genre de paupérisme. Il n'est pas au pouvoir du gouvernement le plus despotique d'ordonner d'avoir plus de confiance en lui qu'en des particuliers. Cette confiance s'inspire par l'équité, et ne s'ordonne pas. Cher compatriote, vous en avez donné une preuve qui vous honore; vous êtes arrivé au ministère, et le jour même les fonds publics ont été en hausse.

Nous venons de parler des chemins de fer, contre tous les apologistes plus ou moins intéressés de ce nouveau véhicule si utile aux industriels et aux gens riches. Nous restons convaincu que jamais l'état n'eût dû se mêler de leur organisation que pour en surveiller l'administration, et pour leur imposer des contributions qui pussent encore permettre la concurrence des autres moyens de transport. Quelle que soit la perfection apportée à leur confection, ils ne pourront jamais remplacer totalement les routes, qui devront toujours être entretenues. L'utilité des chemins de fer en temps de guerre est fort problématique : ce qui vient d'arriver lors des dernières émeutes de Paris en fait preuve; le dérangement de quelques rails a interrompu les communications. Et l'on dit qu'on peut, au moyen de l'électricité, déranger les rails à une grande distance où l'on ne saurait atteindre. Il faut remarquer qu'en France, où les idées gouvernementales les plus opposées, les plus singulières, les moins réfléchies, ont des sectateurs, il serait possible qu'en cas de guerre nous eussions le malheur de trouver des Français amis de nos ennemis. Ainsi, ces chemins pourront être souvent désorganisés. Mais si ces établissements n'appartenaient pas à l'état, ils pourraient être, en faveur des routes, frappés d'impôts fort productifs, tout en laissant un bénéfice aux actionnaires. Il doit paraître équitable que les gens riches et les industriels, qui veulent se servir de ce moyen de communication, paient une indemnité pour le tort qu'ils portent aux anciens établissements beaucoup plus utiles à la nation que les chemins de fer.

Nous trouvons des individus fort scandalisés de nos principes; on vient de nous dire : Quoi ! lors de la dernière insurrection, j'ai été du Hâvre à Paris en cinq heures ! N'est-ce pas admirable ? Sans doute oui, c'est fort beau ; mais à votre arrivée, vous avez été reçu par vingt ou trente coups de fusil tirés par des cochers, des cabaretiers, des aubergistes, des carrossiers ou des charrons, des marchands de chevaux, etc., ruinés par l'établissement de ce chemin de fer, et qui, avec leurs armes, demandaient du pain ou la mort. Ainsi, trouvez bon que nous admirions plutôt le bonheur qui vous a fait échapper au danger, que la célérité de votre voyage.

Pour parer aux exigences actuelles des oisifs prolétaires, on veut continuer le Louvre, faire des prolongations de rues dans Paris, faire travailler aux chemins de fer, aux canaux, faire défricher de grandes étendues de terrain, améliorer nos forêts, nos prés, etc. Cela est fort bien ; mais ce n'est qu'un moyen transitoire qui ne résout pas la question du travail. Ces travaux, qui coûteront énormément à la France et dont le mérite, pour quelques-uns du moins, est fort contestable, auront une fin ; alors la question du paupérisme se lèvera de nouveau plus violente que jamais, renforcée des concessions inspirées par la peur à notre législature actuelle. Il faut donc d'autres moyens.

Arrêtons-nous sur cette question de défrichement. Les uns disent qu'on défrichera 90,000 hectares ; d'autres prétendent que l'on peut aller jusqu'à 4,000,000. Mais quatre

millions d'hectares nouveaux mis en culture suffiraient
pour nourrir la France tout entière. Que deviendraient
alors les produits de la culture actuelle? ils se trouveraient
en plus des besoins. Or, rien n'est plus ruineux que de produire au-delà des besoins; l'excédant est inutile et enlève
sa valeur à la portion utile. On dit que cette nouvelle culture mettra la France à l'abri des années de disette; mais
pas du tout : quand les années sont calamiteuses pour les
produits agricoles, que la terre est rendue stérile, cet excédant de culture est également frappé de stérilité et ne
peut parer à la disette. On ne peut échapper aux disettes
que par la prévoyance, en formant, dans les années abon-
dantes, des réserves qu'on met en circulation dans les mau-
vaises années. Ainsi, cette année, les récoltes seront généra-
lement fort considérables; dans notre pays, l'hectolitre de blé
vaudra au plus 10 fr. Dans cet état de choses, les revenus des
propriétaires seront baissés de plus de moitié sur les années
moyennes; les nécessités gouvernementales hausseront
les contributions; les fermiers auront beaucoup de peine à
payer leurs loyers et leurs frais de culture; la propriété
éprouvera une dépréciation notoire; la gêne que ressenti-
ront les propriétaires et les fermiers augmentera la misère.
Et quelles seraient donc la dépréciation de la propriété et
l'augmentation de la misère, si ces produits, déjà abondants,
étaient doublés? Et nous entendons des irréfléchis nous crier :
Tant mieux; le peuple aura le pain à très-bas prix. Sans doute
oui, pour cette partie du peuple qui travaille et gagne sa
vie; mais ce n'est point de cette portion du peuple que nous
nous occupons, c'est de celle qui n'a point d'ouvrage et qui,
par ce fait, deviendra plus nombreuse, les propriétaires et
les fermiers, dans leur état de gêne, ne pouvant les employer. Que fait donc à cette dernière portion de la population, et qui n'est pas la moins nombreuse, ce prix peu
élevé des choses, lorsqu'elle manque de la première obole
pour les acquérir? Ne vaut-il pas mieux, pour ces individus,
payer le pain quotidien 50 c. en gagnant 1 fr. ou 2, que

de le payer 15 c. lorsqu'ils ne gagnent pas un sou? A ce bas prix, le pain est encore trop cher pour eux. Il importe donc, en toutes circonstances, que le gouvernement dirige sa protection ou sa puissance de manière à ce que les produits soient proportionnés aux besoins et ne les dépassent pas. Sans doute le gouvernement, ne pouvant régler la température des saisons, ne saurait en rien influer sur les récoltes; mais il peut, même il doit, lorsque les récoltes sont d'une grande abondance, acquérir des produits, former des greniers de réserve, qui viennent plus tard remédier autant que possible aux stérilités qui produisent la misère du peuple, et aux abondances excessives qui, en gênant les propriétaires et les fermiers, nuisent indirectement au peuple. Par cette sage prévoyance, le gouvernement, en faisant des bénéfices, peut contrebalancer autant que possible l'irrégularité des récoltes et maintenir la propriété en faveur. C'est un devoir de la part du gouvernement de favoriser la propriété; car c'est elle qui, en dernière analyse, supporte toutes les charges de l'état. Ce serait donc une chose fort louable si, cette année, qui est fort productive, le gouvernement commençait à créer les greniers de réserve. Par ce fait, il viendrait au secours des propriétaires qui ont supporté des contributions extraordinaires, et qui seront peut-être encore obligés de faire des sacrifices au-delà de leurs contributions ordinaires. Cependant, nous ne formons pas opposition absolue aux défrichements; nous demandons seulement qu'ils soient modérés selon les besoins réels. La France, nous le croyons, a suffisamment de terres en culture pour les céréales, mais elle manque d'herbages et de prairies; du moins c'est ce qu'indiquent l'importation de l'espèce bovine destinée à nos boucheries, et l'obligation où nous sommes d'aller chez les peuples voisins acheter des chevaux pour notre armée. Il pourrait donc être favorable de transformer une partie des landes, les rives du Rhône et celles de la Moselle, en prairies, afin de pouvoir élever sur ces lieux une grande

quantité de bœufs et de chevaux, et d'augmenter par là
les engrais, qui contribueront pour beaucoup à améliorer
les terres en culture et à en accroître les produits.

Mais faire davantage, ou faire ce que nous indiquons d'une
manière disproportionnée aux besoins, cela deviendrait plus
nuisible qu'utile; et, en tout état de cause, ce ne serait
qu'un provisoire pour parer aux besoins impérieux des
oisifs forcés. La France, bien administrée et bien cul-
tivée, peut nourrir une population double de sa population
actuelle. La Chine, au besoin, en donnerait la preuve : elle
contient plus de deux fois notre population sur une portion
de son sol moins grande que la France.

C'est d'après des préjugés encroûtés, résultat des an-
ciennes maximes de l'économie politique, qu'on accorde
une protection illimitée à l'industrie et au progrès. Mais,
quand les principes changent, est-ce que les conséquences
ne doivent pas changer de même? Autrefois, l'industrie
et le progrès employaient autant de bras que possible;
ils étaient favorables au peuple, par conséquent ils étaient
nationaux. Mais aujourd'hui l'industrie et le progrès ont
pour principe d'employer aussi peu de bras que possible; ils
sont donc devenus contraires au peuple, par conséquent
antinationaux. Il y a irréflexion ou défaut de patriotisme
chez ces prôneurs du progrès. Croyez-vous donc qu'il faille
sacrifier au génie inventeur d'une machine les intérêts
d'une multitude de citoyens? Sans doute non. Il faut louer
l'invention et l'inventeur, récompenser celui-ci, car les
inventions peuvent contribuer à la gloire de la patrie; mais
il faut examiner si l'exécution des choses inventées ne peut
porter préjudice à autrui; et, pour le cas d'une résolution
affirmative, il faut chercher de quelle manière on pourra
indemniser ceux qui en doivent souffrir. A-t-on jamais fait
semblable question ou examen? Cependant il semblerait
que, dans l'ordre social, qui doit protéger également tous
les membres de la société, ce ne soit qu'une question ou un
examen de bon sens ordinaire; car, non-seulement c'est une

règle de justice et de droit, mais c'est encore un principe religieux, qu'il n'est pas permis de faire tort à autrui, qu'on ne doit pas faire aux autres ce que nous ne voudrions pas qui nous fût fait, enfin que le droit de propriété doit trouver ses limites là où son exercice porte préjudice à autrui.

Ainsi le gouvernement, en ces circonstances, doit chercher des compensations qui fassent que l'invention reçoive son exécution, sans nuire ou en portant le moins de préjudice possible à ce qui existait avant l'invention. Le gouvernement doit sa protection à tous; et il oublie le plus sacré de ses devoirs lorsqu'il sacrifie, par des priviléges, l'intérêt de quelques citoyens à l'avantage d'un individu, quel que puisse être d'ailleurs le génie ou le mérite de celui-ci. Et évidemment ce dernier même trouve sa sécurité et son avantage dans nos principes, puisqu'ils lui assurent qu'il ne sera pas ruiné par l'arrivée d'un autre individu plus ingénieux que lui et qui le surpassera en invention. Cette protection irréfléchie accordée à l'industrie n'a fait qu'entasser ruines sur ruines; et ceux qui, aujourd'hui, sont au pinacle du progrès, ne sont pas sûrs de n'en être pas précipités demain par de nouvelles inventions.

Le savant Arago, lors des discussions sur les chemins de fer, conseillait de ne pas trop se hâter, parce que la science n'avait pas encore, sur ces objets, dit son dernier mot. Effectivement, nous concevons que l'application des gaz plus légers que l'air, et la science de la compression des fluides très-élastiques, puissent apporter des changements très-notoires au système de nos chemins de fer. Que de ruines ce progrès probable ne jettera-t-il pas sur le sol! Quels regrets n'éprouvera-t-on pas d'avoir été si efficacement protégé dans cette industrie! Si l'on emploie la flamme électrique pour l'éclairage, que deviendra l'éclairage au gaz? Nouvelles ruines probables.

Qu'est-ce donc que ces misérables qui, au nombre de cent mille, s'insurgèrent dans Paris? C'est une partie seule-

ment du résidu de la décomposition de l'état social opérée
par l'industrie et le progrès. A combien se porte ce résidu
dans toute la France? Qui pourrait le dire, lorsqu'un grand
nombre de villes des départements comptent un tiers de leur
population, plus ou moins, dans la misère et le besoin. Et
l'on veut faire une charge nationale de l'entretien de toutes
ces multitudes! on veut que les citoyens viennent au secours
de tous les oisifs par des travaux inutiles ou utiles, et que,
faute de travaux, ces ouvriers soient considérés comme des
rentiers de l'état! mais cela est impossible, immoral et
dangereux.

Sous l'impression de ces faits, on propose de transporter
dans nos colonies tous les oisifs mendiants; ce serait un re-
mède pire que le mal. D'abord, l'expatriation est une peine
que n'encourt pas celui auquel on ne peut reprocher que sa
misère. Mais supposons que deux ou trois cent mille oisifs,
pauvres Français, consentent à aller peupler nos colonies
pour y travailler à la culture, cette position nouvelle pourra
améliorer leur sort et conduire plusieurs d'entre eux à la
fortune; de plus, leur présence rendra la colonie assez
puissante pour se défendre contre toute attaque, sans im-
plorer les secours de la métropole.

Voilà le beau côté de la proposition; mais de son succès
peut naître l'indépendance ou l'émancipation de la colonie,
comme cela est arrivé aux possessions anglaises pour les États-
Unis, aux espagnoles pour le Mexique, et aux portugaises pour
le Brésil. Certes, on ne niera pas que les Espagnols et les
Portugais, pour avoir suivi ce plan, qui consiste à peupler
les colonies aux dépens de la métropole, n'aient perdu leurs
colonies mêmes, et de puissances prépondérantes qu'elles
étaient en Europe, ne soient tombées au dernier rang.

Bien sûrement, personne n'envie le bonheur du peuple
anglais, encore moins celui des Irlandais; mais si demain
l'Angleterre venait à perdre sa puissance dans les Indes-
Orientales, non pas par l'émancipation des naturels du pays,
mais par un conflit survenu entre les Anglais eux-mêmes,

comme celui qui a eu lieu entre la Grande-Bretagne et les États-Unis, comme celui qui subsiste maintenant entre elle et l'Irlande, eh bien! sous cet événement possible et qui est loin d'être hors des probabilités, l'Angleterre européenne deviendrait la nation la plus malheureuse du globe.

Tous les savants qui se sont occupés de politique, depuis Platon jusqu'à nos jours, ont prouvé que c'est à leur population que les états doivent leur force et leur richesse. Nous croyons avoir démontré, dans notre brochure précitée, qu'elle est aussi le principe des fortunes particulières : c'est donc porter une atteinte très-funeste à la prospérité et à la puissance de la nation que d'en diminuer la population. Nos anciens économistes, sous l'influence de principes qui ne faisaient considérer le peuple que comme un composé de serfs taillables à merci, professaient cependant que la puissance de l'état dépend absolument du bien-être du peuple et de la prospérité de l'agriculture; ils ne permirent point l'introduction des machines qui pouvaient remplacer le travail des bras; ils ne permirent pas non plus que les colonies vécussent en concurrence avec la métropole par leurs produits naturels ou manufacturés.

Le commerce des colonies était réglé par des lois spéciales, qu'on appelle en Angleterre Acte de navigation; en France, Code des colonies. Ces lois sont très-nombreuses. On appelait marchandises énumérées celles que les colonies pouvaient exporter à la métropole; les autres, non énumérées, ne pouvaient sortir des ports : quelques cultures ou travaux étaient formellement prohibés.

Le coton, quoique dans les articles énumérés, payait de forts droits; on voulait même l'effacer des objets énumérés comme portant préjudice à notre culture et aux manufactures qui emploient le lin, le chanvre, la laine ou la soie. (Voyez Bielfeld, *Institution politique,* vol. 1er, page 251.) Nos colonies ne pouvaient planter la vigne pour en tirer du vin; dans les grains, le riz seul pouvait nous être importé; nous voulions même que le sucre fût raffiné en France; nous recevions les métaux en barre ou en saumon, mais aucune manufacture ne pouvait s'établir en grand dans nos colonies. Par suite de cette économie de dispositions, il s'établissait entre la colonie et la métropole un commerce d'échange qui enrichissait l'une et l'autre.

Ainsi, sous le bon plaisir de nos rois, les principes de l'économie politique étaient très-favorables au peuple, par conséquent patriotiques; alors il était vrai de dire et d'écrire que favoriser l'industrie et le commerce, c'était favoriser le peuple et enrichir la nation, parce que le premier élément de l'industrie ou du commerce était la main de l'homme ou le produit du sol, tandis qu'aujourd'hui, sous les principes de la liberté et des machines, on accorde des priviléges par brevet d'invention, on favorise les individus au détriment des masses; et les succès de l'industrie ou du commerce sont d'autant plus éclatants que les masses en ont plus souffert. C'est donc tout-à-fait l'inverse de ce qui avait lieu autrefois; on rejette le plus de bras possible, comme aussi l'on cherche à diminuer le plus possible l'emploi des productions du sol. Dans cette position, nous dire encore que l'industrie et le commerce sont favorables au peuple, enrichissent la nation, c'est absurde; ils n'enrichissent que quelques individus en en ruinant un grand nombre. Les grands seigneurs de l'industrie raisonnent comme le grand mogol, qui pense que, quand il a bien dîné, personne ne peut avoir faim dans ses états. Ils croient, eux, que quand ils se sont enrichis, tous doivent être contents, et la France être fière des citoyens qui leur ressemblent.

En supposant que les oisifs malheureux soient colonisés en Algérie pour y travailler à la culture, si cette culture avait lieu en concurrence avec celle qui se fait en France, les produits français, comme ceux de l'Algérie, seraient avilis et sans valeur, la source de la fortune nationale serait tarie. L'Algérie, couverte de céréales, peut en produire assez pour nourrir l'Europe entière. On peut demander à l'Algérie le thé, le tabac, le café, le cacao, les troupeaux, les

chevaux, les épices et autres produits qui ne sont pas in-
digènes en France ou y sont en insuffisante quantité; mais
vouloir autrement, vouloir méconnaître les sages conseils
et les maximes de nos pères, c'est courir à notre ruine.

Mieux vaudrait cent fois conserver la charge fort oné-
reuse de nos pauvres, en leur faisant construire des pyra-
mides comme celles d'Égypte, pour écraser sous leur poids
les charlatans qui ont si souvent compromis la gloire et le
bonheur de la nation en trompant la bonne foi publique.

Tous les systèmes de douane sont la sanction implicite
d'une partie de nos principes.

C'est sans doute dans l'intérêt des ouvriers qu'on a rendu
une loi qui exempte de contributions les maisons qui seront
construites cette année. Cette loi portera une atteinte fort
directe aux propriétaires des maisons subsistantes, et un
préjudice notoire aux villes. Il est impossible qu'elle ne
donne pas lieu à de nombreuses réclamations. Ce sont les
maisons qui supportent les plus fortes contributions pro-
portionnellement à leur revenu brut, bien que leur entretien, leurs réparations en diminuent de beaucoup le
revenu, et qu'elles soient frappées d'un impôt sur les portes
et fenêtres, enfin de charges municipales qui, dans bien
des localités, sont fort onéreuses; et c'est à côté de ces
immeubles si productifs pour l'état, et que l'équité ferait
un devoir de protéger dans la proportion des services qu'ils
rendent, qu'on permet d'en élever de semblables qui seront
exempts de toutes charges, qui diminueront de plus de
moitié la valeur des premiers; car les nouveaux constructeurs pourront faire des bénéfices en louant leurs logements
moitié du prix que ces mêmes logements pourraient va-
loir dans une maison sujette aux impôts. Et c'est sous le
régime de la république, sous le règne de l'égalité, qu'on
établit de semblables priviléges! Cela ne se conçoit pas.
Mais, ce qui se conçoit encore bien moins, c'est que les
Parisiens veuillent profiter de ce singulier privilége pour
élever dans Paris de nouveaux bâtiments.

Mais la capitale ne peut plus être la dominatrice de la France; il faut qu'elle rende à la nation l'indépendance dont elle l'a privée, en centralisant dans son sein toute l'action gouvernementale, administrative et commerciale. Quel que puisse être l'avenir de notre République, tout gouvernement siégeant à Paris sentira que, pour sûreté de sa conservation comme pour sûreté de la conservation de la liberté en France, il importe de diminuer, si ce n'est de dissoudre totalement, ces masses de population qui, près de lui, vivent au jour le jour, qui se laissent impressionner par les charlatans politiques, et dont les révoltes compromettent le gouvernement et la paix publique. Il concevra aussi l'indispensable nécessité de modifier la centralisation créée par l'assemblée constituante et perfectionnée par l'empereur. La centralisation a donné moyen à nos divers gouvernements de fausser le principe de leur existence et la foi due aux serments; elle est l'arme la plus redoutable du despotisme. Nos révolutions font preuve qu'elle tue qui s'en sert avec maladresse, qu'elle fait naître et périr les gouvernements. Avant cette création nous avons eu des guerres intestines, mais pas de révolutions. Maintenir la centralisation telle qu'elle subsiste maintenant, c'est ouvrir la porte à de nouvelles révolutions qui ne peuvent qu'enfanter le despotisme, soit au profit d'un président, d'un consul ou d'un archonte, soit à l'avantage d'une multitude licencieuse et anarchique; car c'était instinctivement que les derniers insurgés étaient convaincus que, s'ils parvenaient à dominer Paris, ils gouverneraient la France entière. C'est au nom de la liberté démocratique qu'ils voulaient imposer leurs principes et le joug à la nation. Certainement, rien n'était moins libéral, moins républicain, plus conforme au despotisme, que leur projet, qu'ils n'eussent jamais conçus s'ils n'avaient eu la pensée que la France devait obéir aux vainqueurs de la capitale. Pour l'honneur du nom français, il ne faut pas que la populace de Paris, aidée par les docteurs éduqués aux travaux forcés ou aux bagnes, puisse concevoir la possibilité d'imposer par la force des lois à la République.

Nous l'avons dit : dans son organisation actuelle, Paris est un chancre pour le reste de la nation ; il est donc urgent de réduire la centralisation à ce qui est relatif à la confection des lois et aux objets d'un intérêt général. Rien n'est moins républicain que de faire dépendre tout ce qui regarde les localités et les spécialités d'une seule volonté et d'un lieu unique. Paris, dans l'intérêt général de la patrie, doit perdre plusieurs établissements qu'il possède ; l'administration générale doit perdre une grande partie de ses attributions actuelles. Toutes ces choses doivent tendre à en diminuer la population : donc, élever de nouveaux monuments dans son sein, c'est se ruiner et ne se réserver d'autre consolation que celle d'avoir contribué pour beaucoup à la ruine de ses voisins.

Des charlatans, qui n'ont point recherché les causes de la misère, en ont accusé directement l'ordre social tel qu'il est établi ; ils croient ou veulent faire croire que la destruction complète de cet ordre est nécessaire pour rentrer dans un état de nature antérieur à la formation des sociétés ; que la dissolution de la famille, la réprobation de la pudicité, l'abolition des droits de la propriété, procureraient à l'humanité le plus grand bonheur auquel elle puisse atteindre. Sans doute cette utopie convient parfaitement à ceux qui n'ont rien à perdre, qui n'ont aucune idée de la justice, de la pudeur, ni des sentiments si vifs de la paternité. Ce sont même les absurdités les plus étonnantes de ces systèmes antisociaux, antihumanitaires, qui ont trouvé les plus chauds partisans. C'est ainsi malheureusement qu'est formée l'espèce humaine : ce sont les opinions les moins raisonnables et les plus contraires à la vérité ou au bon sens qui, dans tous les temps, ont fourni le plus de martyrs dans tous les degrés de l'état social. L'histoire des religions en fait preuve. Qu'on ne s'étonne donc pas de cette insurrection formidable, où les ouvriers, organisés sous l'influence de ces nouveaux principes, voulaient détruire non-seulement le gouvernement républicain, mais encore l'ordre civil, en ajoutant à notre révolution politique une révolution sociale, ou plutôt l'anéantissement de toutes nos institutions. Dans le combat qui a effrayé non-seulement Paris, mais encore toute la France, ils ont fait preuve d'un courage poussé jusqu'à la férocité. Ils ont été vaincus; mais ce ne fut qu'une lutte de force, un sacrifice de martyrs à une croyance politique nouvelle. Le courage physique ne manque pas en France, il est commun; mais ce qui nous manque, c'est le courage civique; ce dont nous avons besoin, c'est de cette fermeté d'âme, de cette énergie inébranlable dans le devoir, dont nos révolutions antérieures, depuis la Ligue jusqu'à nos jours, ont fourni d'illustres exemples. Cependant, jamais la France n'a éprouvé un aussi grand besoin d'hommes dont la fermeté sache faire prédominer, sur les luttes aveugles et sacrilèges entreprises au nom de la liberté, la justice, la vraie liberté et le respect dû à la loi, qui seuls peuvent assurer la prospérité de la patrie.

D'après ce qui vient d'avoir lieu, on ne peut laisser en contact les réunions d'ouvriers ou d'autres individus fanatisés par les nouvelles doctrines avec les centres de population où ils peuvent recruter des amis du désordre. Ils ne peuvent dans l'avenir que compromettre la paix publique. Oui, nous voulons, et l'on doit vouloir faire tout pour le peuple. Il faut administrer dans son intérêt; il faut même l'en persuader, afin qu'il ne veuille pas reprendre l'usage de sa puissance. Mais, quand on a rempli consciencieusement ce devoir, il ne faut pas obéir aux mouvements irréfléchis ou abusifs qu'on peut susciter parmi le peuple par conspirations, insurrections ou tout autre moyen, parce que le peuple ne peut que détruire, et sa licence sans frein ne peut que produire l'anarchie. Ces conspirations, ces mouvements surexcités, sont maintenant d'autant plus criminels que la liberté de la presse et le vote universel doivent toujours faire connaître l'opinion nationale, celle de la majorité.

Combattre par la force une majorité nationale non factice, c'est se rendre factieux et révolutionnaire, c'est vouloir tuer la liberté.

Nos principes recevront, nous aimons à le penser, l'approbation des patriotes. Nous sommes dans le véritable progrès, lorsque nous cherchons à indiquer les moyens de diminuer la misère du peuple. Si l'on nous accuse de mettre l'éteignoir sur le génie inventif, on devra aussi reconnaître que nous le mettons sur le paupérisme, et que les lumières prônées par nos adversaires éclairent l'incendie et la destruction de l'ordre social.

Il importe, en toute chose, de bien fixer la portée ou la signification des mots; et nous ne nous étonnons pas que, lors de la discussion de la loi sur les clubs, on ait insisté sur la définition des sociétés secrètes. Sans doute, le sens de ces mots ne présente aucune ambiguité aux gens de bonne foi; mais ceux qui suivent les mouvements de la jurisprudence savent combien l'ignorance, la mauvaise foi ou les intrigues ministérielles ont fait souvent dévier les mots de leur véritable signification (1). Si, en droit civil, les erreurs de cette nature sont fort regrettables, en droit public, elles acquièrent une bien plus grande gravité, car elles peuvent provoquer des résistances fâcheuses.

Le projet de constitution assure le travail aux Français valides, c'est-à-dire bien portants, des secours aux infirmes et aux vieillards, et intitule notre gouvernement *République démocratique*.

Mais qu'est-ce donc qu'assurer le travail? — Est-ce que l'état deviendra courtier entre l'ouvrier et le consommateur? est-ce qu'un citoyen pourra demander et avoir droit à devenir commis parce qu'il écrit bien? qu'un autre, qui prétendra avoir étudié les principes de l'administration ou des langues étrangères, pourra sommer l'état de le faire préfet ou ambassadeur? N'est-ce pas sous l'impression de la terreur que vous éprouvez des insurrections, que vous voulez contracter cette obligation, afin de calmer les exigences des gens qui vous font peur? Mais au moins dites

______

(1) Les arrêts rendus sur l'application de la loi du 22 frimaire an VII en fourniraient des preuves fort remarquables, et nous avons cité d'autres exemples.

donc comment l'homme qui demande du travail doit former sa demande, à qui il doit l'adresser, qui jugera de son mérite, du salaire qui peut lui être dû? Quelle immense charge on imposerait à l'état! celle de créer des consommateurs, d'inventer de nouveaux besoins, de prendre à la journée ou à la tâche tous les ouvriers qui peuvent être congédiés comme travaillant mal ou se conduisant mal! L'état ferait concurrence aux fabricants ou aux constructeurs; pour arriver à ce but, on organiserait le travail; mais qu'est-ce que veut dire organiser le travail? Est-ce qu'on peut organiser les besoins? est-ce qu'on peut forcer les citoyens à acquérir ce qui sortira des ateliers de cette organisation, sans besoin de ces produits, ou à des prix plus élevés que ce qui sort des manufactures où de mêmes objets sont produits au moyen des machines?

Qu'on sache donc bien ce qu'expriment les mots : les théories les plus louables, les intentions les plus philanthropiques, qui ne peuvent pas se traduire en pratique, en lois claires et précises, ne sont que des rêves! Quand un but est bien connu, la question bien posée, il ne doit plus y avoir de difficultés d'indiquer le chemin qu'il faut suivre pour arriver au terme ou pour poser la question en équation, afin de savoir si elle est égale à une chose possible. Eh bien! tant que ces utopistes n'auront pas tracé le chemin, c'est-à-dire formulé un projet de loi, article par article, ou établi leur équation en indiquant tous les changements que l'ordre social peut éprouver par suite de l'exécution de leurs principes, si nous ne les appelons pas charlatans, nous les dirons estropiés dans leur intelligence, ce qui est moins humiliant pour eux que de les accuser de mauvaise foi.

Nous le répétons : on peut augmenter le travail de manière à employer tous les oisifs, en substituant l'action des bras à celle des machines, ou du moins en favorisant l'action des bras au détriment des machines. Avant tout, il faut dissoudre les rassemblements de nécessiteux et empêcher leur réorganisation. Pourquoi ne réclamerait-on pas, pour arriver à ce but, l'exécution de la loi du 24 vendémiaire an II?

Cette loi a été abrogée par celle qui établit des dépôts de mendicité ; mais lorsque ces dépôts ne peuvent satisfaire à tous les besoins, c'est bien le cas alors de recourir à ses dispositions. Elle traite des travaux de secours, met tous les nécessiteux sous la surveillance et la charité de leur commune. Tous les nécessiteux renvoyés à leur domicile acquis, répartis sur toute la France, ne présenteront plus rien de dangereux ; ils deviendront une charge municipale ; et les communes, conformément à la loi, pourvoiront à leur fournir du travail. Notre constitution proclamant pour principe la fraternité, doit déclarer que les nécessiteux sont une charge des communes de leur domicile, qu'une loi spéciale réglera comment on peut acquérir le domicile de secours, le mode de distribution des secours, l'action des bureaux de bienfaisance, celle des sociétés charitables et l'emploi des dépôts de mendicité. Toutes ces choses se lient et doivent former entre elles le véritable code de la fraternité et de la bienfaisance.

Qu'est-ce aussi qu'une République démocratique ?

Depuis les Athéniens jusqu'à ce projet de constitution française, on a appelé gouvernement démocratique celui où le peuple fait directement la loi, sans charger personne de la faire pour son compte. Il fallait à Sparte dix mille citoyens pour rendre une loi ; à Athènes, le nombre des citoyens qui participaient à la confection des lois était de vingt mille, etc., etc. Les Francs, après leur envahissement dans les Gaules, se réunissaient en corps de nation, au mois de mars ou de mai, pour décider comment ils gouverneraient leurs conquêtes et conserveraient leur puissance sur nos aïeux. Tout cela était démocratique. Mais les citoyens d'Athènes avaient quatre cent mille esclaves, les Spartiates, trois cent mille, et les Francs dominaient les Romains et les Gaulois. Ceux-ci avaient sous leurs ordres une foule de colons et d'esclaves, en sorte que ces fameux citoyens démocrates n'étaient au fond que des grands seigneurs fort aristocrates. Est-ce que, dans l'état actuel de la France, il peut arriver rien de semblable? Qu'entend-on maintenant par le mot démocratique? Ce mot a-t-il changé de sens? Alors il faut bien le définir. Tous les Français sont appelés à voter pour nommer en diverses circonstances leurs chefs. Cette action est nationale sans doute; elle est la reconnaissance la plus franche de la souveraineté du peuple et de l'égalité, mais ce n'est point démocratique; donner pouvoir de faire la loi, ce n'est pas faire la loi. Si l'on veut ajouter une épithète au mot République, il faut y ajouter celle de nationale par le concours de l'universalité des citoyens français, ou bien créez le mot égalitaire, et dites République nationale égalitaire, ou simplement égalitaire.

Oui, c'est bien d'appeler tous les citoyens à voter; mais soixante ans d'expérience ont dû apprendre aux Français qu'une bonne loi électorale est au moins aussi importante, si ce n'est plus, que la constitution même. Et sous ce rapport, nous ne pouvons nous empêcher de répéter que la loi électorale actuelle est la plus monstrueuse qui ait été donnée aux Français; sous sa puissance, les coteries et les influences gouvernementales doivent dominer l'opinion publique avec plus d'empire que n'ont pu le faire jusqu'alors la corruption et l'intimidation. Il est impossible aux quatre-vingt-dix-neuf centièmes des électeurs de pouvoir voter en connaissance de cause sur toutes les capacités de leur département.

Il faut des comités directeurs qui viennent en aide aux électeurs, en formant une liste de noms choisis dans tout le département; c'est un travail difficile, fatigant pour tout le monde et impossible pour beaucoup. Le travail des comités ou des coteries particulières est donc bien accueilli comme venant en aide à l'incapacité des électeurs; ceux-ci, dans leurs votes, raieront de la liste du comité l'individu de leur canton ou de leur arrondissement qu'on propose et qu'ils connaissent comme ne méritant pas l'honneur qu'on veut lui faire, et remplaceront ce nom par un autre qu'ils estimeront davantage. Mais ne connaissant pas le surplus des personnes indiquées sur la liste et qui demeurent loin d'eux, ils les inscriront de confiance sur leurs bulletins, bien que peut-être ceux-ci, nommés de confiance, n'aient pas, dans leurs cantons où ils sont bien connus, l'approbation de leurs compatriotes, et soient rejetés de leurs votes comme on vient d'en rejeter qu'on croyait d'un mauvais choix.

Comme, en votant par département, il résulte que les députés ont reçu beaucoup plus de voix de personnes qui ne les connaissent pas que de celles dont ils sont connus, il pourrait donc se faire qu'aucun des représentants actuels d'un département n'eût été nommé, si l'élection eût été divisée par arrondissement, de manière que, sans secours, chaque citoyen ait pu juger le mérite des candidats.

Ainsi, ce principe de vote universel, bon en lui-même, devient mauvais par la manière dont on en fait l'application. Ce n'est qu'un leurre qui détruit la volonté isolée pour accorder un empire absolu à l'intrigue des coteries. Pour être conséquent avec la manière dont le gouvernement provisoire semblait comprendre le vote universel, on aurait dû ordonner que tous les Français voteraient pour la nomination de chacun des membres de l'assemblée nationale, et mettraient sur leur bulletin 900 noms. Cela eût été nationalement démocratique. Ne conçoit-on pas l'impossibilité d'une semblable élection? N'est-ce pas la preuve que le meilleur principe peut, par une mauvaise application, arriver à l'absurde ou au résultat opposé au principe même? Il nous paraît donc convenable que la série des noms sur un vote ne dépasse jamais trois ou quatre noms, sauf à faire voter par arrondissement pour les représentants, par canton pour les places départementales, et par section dans les villes pour les conseils municipaux.

Cette loi électorale devrait avoir perdu son empire : le gouvernement provisoire avait les pouvoirs d'un dictateur pour sauvegarder la nation, mais il n'avait pas le pouvoir souverain de faire des lois. Il aurait dû mettre en vigueur la loi électorale proclamée par notre première république. L'assemblée nationale a pu remercier le gouvernement provisoire, mais ce remerclment ne pouvait équivaloir à la sanction de tous les actes émanés de lui. A l'instant même où la souveraineté nationale était constituée, toutes les lois créées par un pouvoir exceptionnel devaient cesser d'exister. C'est ainsi qu'à Rome on comprenait la dictature. Cette observation est de la plus haute importance pour l'avenir; car c'est le fait des républiques, lorsque la patrie est en danger, de recourir au despotisme d'un dictateur pour faire taire tous les dissentiments.

Il est aussi de principe constitutionnel et de droit criminel, qu'on ne peut ni ne doit appliquer aux accusés que les peines établies lors de la perpétration du fait dont ils sont accusés; autrement, c'est refuser le bénéfice des lois. Les juges ne sont établis inamovibles que pour assurer l'équité de leurs arrêts à l'encontre du mauvais vouloir ou de l'indulgence funeste du pouvoir. C'est donc une faute, et une faute grave, de la part de l'assemblée nationale, d'avoir déclaré que les insurgés seraient transportés au-delà des mers; c'est un jugement avant débats. En cette circonstance, nous croyons que le juge qui comprend la dignité et les devoirs de sa place, doit appliquer aux accusés la loi commune, puis, par grâce spéciale, commuer la peine en celle qui est indiquée par l'assemblée; celle-ci, comme souveraine, a la puissance d'absoudre, de pardonner ou de commuer; mais on conçoit qu'elle abuserait de sa puissance, si elle venait à ordonner de fusiller un homme que les lois condamnent à la prison. L'inverse n'est pas moins vrai. Il faut que le juge fasse son devoir, puis, seulement après, que le souverain use du magnifique privilége de la clémence, en modifiant la sévérité de l'application de la loi; mais user de clémence avant jugement, c'est présupposer la culpabilité; pardonner avant qu'on ait témoigné du repentir, c'est insulter à l'honneur de l'accusé. Nous croyons le décret de l'assemblée nationale sans antécédents qui lui soient comparables (1).

(1) La loi du 17 nivôse an II n'est pas de même nature, et la rétroactivité de celle-ci a été abolie par une loi.

Les irrégularités que nous signalons peuvent devenir des antécédents très-fâcheux. Les erreurs, en législation comme en droit public, sont les plus grands fléaux des nations. Filangieri dit : « Une défaite peut être réparée ; une erreur politique peut être la source inépuisable d'un siècle de maux, et son influence destructive s'étendre jusqu'aux siècles à venir. »

Il faut relever le patriotisme, que nos gouvernements antérieurs ont étouffé par la corruption, l'intimidation, la déconsidération, de toute dissidence avec la volonté gouvernementale ; il faut pour cela que le citoyen sente l'influence de son action sur l'opinion de ses concitoyens ; il faut accorder plus de puissance aux conseils municipaux, aux conseils départementaux ; qu'ils aient une certaine vie par eux-mêmes, qu'ils aient une certaine force, tout ce qu'on peut en donner sans compromettre la souveraineté nationale ; il faut qu'on ne soit plus obligé d'aller demander à Paris la permission de penser et d'agir dans les choses qui ne regardent que les intérêts locaux.

Dans l'état actuel, le sort des nombreux employés et des magistrats de toute nature dépendant exclusivement des faveurs ministérielles, ces gens-là peuvent dédaigner impunément l'estime de leurs compatriotes. La jalousie, cette faiblesse orgueilleuse qui dispose la plupart des hommes à méconnaître le mérite de leur voisin, porte ceux d'une certaine valeur à devenir indifférents à l'opinion de leurs compatriotes. Ainsi donc, tous se tournent vers Paris ; quelques-uns pour obtenir, par leur servilité ou par leur bassesse, les grâces ou les faveurs des ministres ; les autres, pour y faire reconnaître leur talent. Rien n'est plus contraire au développement des sentiments patriotiques. Le patriotisme, comme nous l'avons dit, prend naissance dans l'amour de la famille et du clocher, ou des lieux qui nous ont vus naître et où notre éducation s'est faite. Et cette centralisation dans Paris de toutes les faveurs, de tous les moyens d'existence, force à abandonner tout ce qui, chez les cœurs bien nés, fait chérir la patrie, pour s'attacher à une position étrangère à celle que la Providence semblait nous avoir donnée.

En accordant à nos départements une vie qui leur soit propre, vous grandirez la puissance et le civisme du citoyen. Lorsque les principaux fonctionnaires d'un département et les intérêts des localités dépendent exclusivement du bon vouloir d'un ministre ou du chef de l'état, le citoyen n'a d'influence que dans la proportion du concours qu'il a pu exercer à la nomination du chef de l'état, c'est-à-dire comme l'unité au regard de l'universalité des Français. Mais si les intérêts départementaux dépendent du vote des citoyens, l'influence de chacun de ceux-ci sera 87 fois et demie plus forte, comme 400,000 sont à 35,000,000. Alors le citoyen peut sentir l'importance de sa puissance et l'utilité de ne l'exercer qu'en faveur de gens de bien : et ceux qui désirent remplir des fonctions publiques comprennent qu'ils ne peuvent y parvenir que par l'estime qu'ils sauront inspirer à leurs compatriotes. Il faut encourager, dans les départements, ceux qui recherchent la gloire dans les arts, les armes ou les lettres; il faut réhabiliter la mémoire de ceux qui s'y sont distingués, afin qu'on porte haut l'honneur de son foyer, de sa ville ou de son village; il faut recréer le patriotisme, qui est le véritable courage civil et qui manque maintenant en France : par là on triplera les forces de la patrie. Si quelquefois l'opinion publique est injuste et détournée de la vérité par l'intrigue ou le charlatanisme, il faut cependant reconnaître qu'elle peut être plus facilement ramenée aux sentiments de la justice et de la vérité, qu'un ministre orgueilleux et vindicatif ne peut être ramené à rectifier une erreur ou une injustice qu'il aurait ordonnée.

C'est la vertu, dit Montesquieu, qui est le principe de la République. Or, il doit être fort difficile de faire succéder à un gouvernement corrupteur, où l'égoïsme était de principe, un gouvernement équitable, où la vertu seule triomphe. C'est vouloir changer les avares en gens généreux; les gens faux, perfides, menteurs, en gens loyaux, véridiques et intègres; les égoïstes, en désintéressés. Tous ces miracles ne peuvent s'accomplir que par le patriotisme. Le patriote ne recherche que l'amour, l'estime de ses concitoyens; et il sait qu'il ne peut arriver à ce but que par des actions vertueuses. Honorez, prônez le patriotisme et la vertu, et vous ferez naître des gens patriotes et vertueux, vous consoliderez la République. Une bonne loi sur les élections contribuera pour beaucoup à procurer ces résultats.

Autrefois, les Bourguignons, les Lorrains, les Flamands, etc., etc., formaient des états distincts, ayant des droits et des usages divers; ils ne formaient pas pour cela des nationalités différentes, ils étaient tous bons Français, fidèles à leur roi. Chacune de ces provinces avait un centre d'action, une vie particulière, ayant ses illustrations et ses patriotes. Les provinces formaient ce qui constituait la nation française; aucune province ne portait le nom spécial de France et ne pouvait avoir la prétention de dominer les autres. C'est à cet état de choses que la France a diverses fois dû son salut. Nous croyons, comme nous l'avons dit autre part (voyez *Les chemins de fer seront ruineux pour la France et spécialement pour les villes qui en seront traversées*, brochure in-8°, 1842), que si la France eût été centralisée dans son action comme elle l'était sous l'empire, elle n'aurait jamais pu résister à ses ennemis lors de l'établissement de notre première République; et si, en 1814, les provinces ou une organisation pouvant les remplacer avaient encore subsisté, la prise de Paris n'eût point entraîné la chute de l'empereur et n'aurait point fait naître une révolution. C'est à l'existence des royaumes ou provinces qui constituent l'empire d'Autriche et le royaume d'Espagne, que les gouvernements de ces pays doivent leur conservation. Un gouvernement entièrement centralisé n'est qu'un individu qu'un coup vigoureux peut abattre, tandis que, lorsque le gouvernement est composé de divers individus, il faut autant de coups qu'il y a d'individus. Évidemment, dans cette seconde position, le gouvernement a plus de moyens et de ressources pour résister à ses ennemis; il est plus fort. L'ancienne France, avec ses provinces, ne s'appelait pas monarchie fédérative; la République, avec ses départements émancipés de la tutelle gênante de la centralisation, ne sera pas pour cela une République fédérative, parce que les départements n'auront point une souveraineté absolue, ayant leur armée, leur monnaie propre, une législation et une organisation spéciales; ils dépendront du gouvernement central, comme autrefois les provinces dépendaient du roi. Si une organisation semblable peut alimenter une guerre civile, elle assure au moins la France contre le retour du despotisme. Le délire, les écarts les plus extraordinaires de la liberté, ont-ils été jamais aussi funestes à l'humanité que le délire et les écarts du despotisme ou d'un gouvernement faux et perfide trahissant ses serments? Certainement non; et les gens les plus serviles qui liront les annales d'une nation quelconque, seront obligés de le reconnaître.

En résumé, mon cher concitoyen, nous croyons, pour l'intérêt de nos compatriotes dans le besoin, qu'il conviendrait de se conformer au prescrit de la loi du 24 vendémiaire an II sur les secours, de renvoyer les ouvriers oisifs à leur domicile acquis ou à leur lieu de naissance. Ces masses ainsi distribuées sur toute la France, sous le soin et la surveillance bienfaisante de leurs communes, deviendront bien moins onéreuses pour l'état, et moins dangereuses pour la paix publique.

Nous pensons avoir ajouté aux preuves que nous avons déjà données sur l'utilité, dans l'intérêt du peuple et surtout des ouvriers, des impôts progressifs tant sur les propriétés que sur les machines et les magasins centralisateurs; nous croyons aussi avoir augmenté nos preuves sur cette idée que, dans l'intérêt de la liberté comme dans celui des ouvriers des départements, il importe de décentraliser tout ce qui peut être dispersé sans nuire à la République. Cette lettre servira de supplément à notre brochure. N'est-il donc pas juste de faire payer des indemnités à ceux qui portent préjudice à l'ordre social? Le résultat des impôts que nous proposons sera sans doute de faire payer un mètre de superbe toile fabriquée par les machines 5 à 6 fr., le mètre de drap, 40 ou 50 fr. Ces objets seront achetés par les gens riches; mais les autres individus moins favorisés de la fortune se serviront de bonne toile fabriquée par des tisserands champêtres et coûtant de 2 à 5 fr. le mètre, de draps tissés et filés par des ouvriers et valant 10 ou 15 fr. le mètre. Ces produits d'ouvriers seront moins beaux à la vérité, mais ils seront plus solides et mettront la nation à l'abri du paupérisme, de ce fléau qui fera s'entr'égorger les Flamands, les Allemands, les Anglais, si eux-mêmes ne trouvent pas quelques moyens analogues à ceux que nous avons indiqués, pour parer au progrès de l'industrie qu'ils ont eu, comme nous, l'imprévoyance de protéger sans limites.

Quant aux relations commerciales entre les nations, elles seront réduites au commerce des matières premières et non manufacturées, du moins pour les importations.

Nous corroborerons nos observations en citant un passage de Montesquieu qui, nous le croyons, fera voir que cet homme célèbre aurait approuvé nos principes. Il dit (*Esprit des lois*, livre 23, chapitre 15) : « Ces machines, dont l'objet est d'a-
» bréger l'art, ne sont pas toujours utiles. Si un ouvrage
» est à un prix médiocre et qui convienne également à
» celui qui l'achette et à l'ouvrier qui l'a fait, les machines
» qui en simplifieraient la manufacture, c'est-à-dire qui di-
» minueraient le nombre des ouvriers, seraient pernicieuses;
» et si les moulins à eau n'étaient pas partout établis, je ne
» les croirais pas aussi utiles qu'on le dit, parce qu'ils ont
» fait reposer une infinité de bras, qu'ils ont privé bien des
» gens de l'usage des eaux et ont fait perdre la fécondité à
» beaucoup de terres. »

Nous ne pouvons quitter nos critiques, cher concitoyen, sans vous parler du projet de décret sur les droits de mutations par successions ou donations; nous vous ferons observer qu'il nous paraît que les droits progressifs y sont établis sur un mauvais principe. Nous prenons un exemple au hasard : Celui qui héritera de son frère de 600,000 fr. doit payer 10 pour 100; il ne lui restera plus que 540,000 fr. Mais si l'héritage se porte à 600,010 fr., il doit payer 12 pour 100; il ne lui restera donc que 527,998 fr. 80 c. Ainsi l'impôt n'est pas convenablement gradué. Il me semble qu'il conviendrait, comme nous l'avons fait dans notre brochure, page 90, de ne frapper d'augmentation que les valeurs dépassant les sommes qui marquent les degrés d'accroissement servant de base à l'impôt; alors il ne pourrait plus se faire qu'une donation supérieure à un degré d'impôt fût moins avantageuse que celle qui arrive au degré (1).

Nous faisons encore observer qu'on se plaint avec raison, comme d'une chose fort injuste, que d'après l'art. 15, § 7, de la loi du 22 frimaire an VII, on fasse payer les droits de succession sur les valeurs brutes, sans distraction des charges.

(1) Voici la proportion que nous avons établie : 1 pour 100 sur 2,000 fr. de revenu, cela donne 20 fr.; 2 pour 100 sur les 2,000 fr. en sus, ou ponr 4,000 fr., 60 fr.; 2,000 de plus paient 5 pour 100, ce qui fait 120 fr. On augmenterait ainsi progressivement de 1 pour 100 par chaque nouveau 2,000 fr. jusqu'à 30,000; mais pour toutes les sommes supérieures à ce nombre, on prélèverait 20 pour 100 jusqu'à 100,000 fr. inclusivement. Au-dessus de 100,000 fr., 25 pour 100.

Cette combinaison nous donnerait le tableau suivant :

2,000 fr.	—	20 fr.
4,000	—	60
6,000	—	120
8,000	—	200
10,000	—	300
	etc.	
30,000	—	5,400
100,000	—	17,400
500,000	—	67,400

Le chiffre de 1 pour 100 qui commence l'impôt proportionnel donne une perception beaucoup plus faible que la perception actuelle. Si ce chiffre paraît trop bas, on peut en prendre un plus élevé, en éloignant les degrés de progression et en s'arrêtant au chiffre 25 comme le plus élevé. Cette progression, dans l'impôt foncier, a pour but de favoriser les petites fortunes et de faciliter le morcellement des grandes.

Ainsi dans une succession ayant 100,000 fr. de valeur et 90,000 fr. de passif, on paie comme s'il n'existait aucune dette.

L'administration, en ces circontances, a quelquefois fait des concessions; mais, d'après le projet, on sera bien souvent obligé de renoncer à des successions où cependant l'actif dépasse le passif; et comme les droits se paient par préférence sur les dettes non privilégiées, il y aura spoliation au détriment des créanciers. Sous des droits excessifs, sous une fiscalité dévorante, il serait au moins équitable que les droits ne fussent établis que sur ce qui peut revenir à l'héritier ou au légataire, toutes dettes et charges payées.

Si l'on vous reconnaît légataire universel d'une succession composée d'un million et un franc, mais chargée d'un passif de huit cent mille francs, vous penseriez qu'il devrait vous rester deux cent mille et un francs; ce serait une étrange erreur, il ne vous resterait qu'un franc: car il faudrait payer, d'après le projet, deux cent mille francs de droit et huit cent mille aux créanciers. Et si l'on exige le décime, cette donation sera fort ruineuse pour vous, elle vous coûtera vingt mille francs en plus des valeurs de l'hérédité.

Croyez-le bien, cher concitoyen, les droits excessifs rapportent moins que les droits modérés; l'expérience l'a déjà démontré maintes fois. Les droits disproportionnés entravent toutes les affaires, font naître la mauvaise foi et les moyens de tromper le fisc, qui devient odieux. On ne fera plus de donations, de contrats de mariage; l'ordre civil souffrira de cette suspension des contrats de bienfaisance, de charité, de reconnaissance, de services rendus, etc., etc. User toutes les fortunes pour l'action du gouvernement, c'est créer les éléments les plus directs du despotisme.

Ce projet serait réellement une providence pour les notaires. Ainsi, au lieu de donner six cent mille francs par un seul acte, on fera à temps différents soixante donations de dix mille francs, où l'on se reconnaîtra débiteur des sommes qu'on veut donner; et, à l'hérédité, on se présentera comme créancier et non comme héritier, on renoncera aux successions; et, évidemment, l'état perdra beaucoup à ce nouveau système. Cette dernière observation fait voir que les droits de mutation ne sont pas susceptibles d'accroissement proportionnel dans leurs quotités.

Ainsi, nous vous avouons que nous faisons des vœux bien vifs pour que ce projet de loi soit rejeté. Ne nous en voulez pas de notre aveu; nous sommes persuadé que ce projet, que nous regardons sous plusieurs rapports comme une monstruosité, ne vient pas de vous; il était annoncé bien avant que vous fussiez au ministère.

Nous espérons, cher ami, que vous nous excuserez de vous avoir adressé une aussi longue lettre; mais les questions qui y sont traitées sont trop importantes et présentent trop d'aspects pour que nous ayons pu en parler plus brièvement. D'ailleurs, elles ont donné lieu à une foule de volumes, et je ne vous envoie que quelques pages, que je vous prie d'agréer ainsi que les sentiments les plus affectueux et de la plus haute estime que je puisse porter à un concitoyen.

NOËL.

Nancy, le 16 août 1848.

www.ingramcontent.com/pod-product-compliance
Lightning Source LLC
Chambersburg PA
CBHW061353050726
47595CB00005B/2233